A little tree

Naoko Nomura
Maki Kobayashi

小さな木

あるがままに子育て

著 野村直子
絵 小林マキ

雷鳥社

はじめに

　この本を手に取ってくださり、ありがとうございます。

　私はこれまで、保育士、自然ガイド、園長などの経験を重ねてきました。今は、保育者の方や子育て中の親御さんに向けて、「自然の中での保育・子育て」を研修やワークショップなどで伝えています。

　こどもの頃から私の中には"暴れ馬"がいました。ちょっと気に入らないことがあると顔を出し、周りに八つ当たりし、家族とぶつかってしまう。このいつでも暴走しそうな感情を手なづけるのに、かなりの時間を費やしました。

　イライラが収まらない時や素直になれない時は、草はらの上にゴロンと寝転んで空を眺めていました。すると、波立つ感情がすっと引いていくのです。こんな風にいつも自然に癒されていました。

　今でも些細なことにイライラしたり、がっかりしたりと感情が揺れることもありますが、目の前に広がる空や流れる雲を眺めていると、すっと心が穏やかになります。

　いつでも自然は私のそばにあり、その力に助けられてきました。こどもたちを自然の中に連れていくと、いつも落ち着かない子が夢中になって虫を追いかけ、穴を掘り、面白い遊びを創り出し、いつもおとなしい子が花や木の実、時には小さな生き物を大切そうに手のひらに乗せて、こっそりと見せてくれる……。その子らしさがより引き出されていました。自然の中では、全てをまるごと受け入れられているような感覚になります。

こどもを育むということと、植物を育てることは、似ていると思っています。

　タネをまき、そっと土をかぶせて芽が出て、葉が出て、花を咲かせる……それを、「ちょっと曲がっているけど大丈夫かな？」「水は足りているかな？」と、よく観察しながら、育つ姿を見守っていく。

　生まれた命はヒトとしての芽。ヒト（こども）の芽を育むヒト（親）の人生の始まりです。「どんな木になるのか、どんな花を咲かせるのかを楽しみにしながら、自分自身をも育てていく。こどもも親も成長する機会」。そんな風に、こどもと歩んでほしいと思っています。

　この本では、こどもを一本の木に見立てて、成長に応じて変化するこどもの気持ちや親の心持ちを書きました。

　こどもと向き合う時、自分の中にある矛盾や弱さ、感情を否応なしに突きつけられることが多々あります。それはとても見たくもない、逃げ出したくなるようなものかもしれません。でも逃げたくなった時、つらくなった時は、ふところの大きい自然が優しく包み込んでくれるはずです。

　この本も、少しでもあなたに寄り添い、一緒に歩んでいくものとなれたのなら、著者としてこれほど嬉しいことはありません。

contents

根っこ

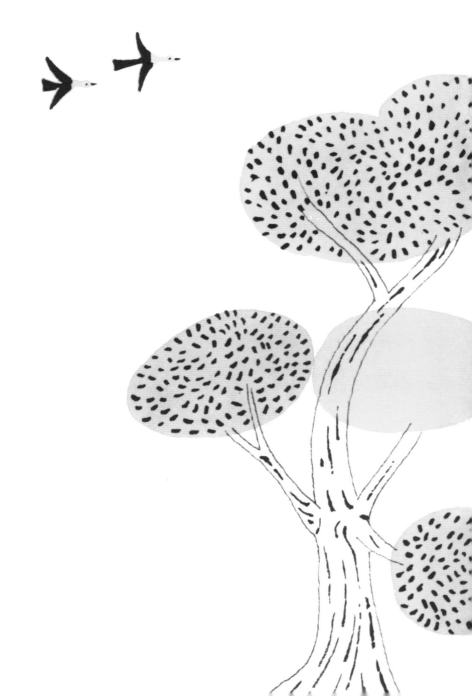

根を張るということ

空をおおうほどに枝を広げた大きな樹。
その大きな樹を支える根。

しっかりと根を張っていると、嵐がきてもビクともしない。
でも、根を張る土台がグラグラしていると、
たとえどんなに大きく育ったとしても、
大風や大嵐で根こそぎ倒れてしまうこともある。

こどもが熱を出す。
ご飯を食べてくれない、なかなか寝てくれない。
その一つひとつに揺り動かされて
「大丈夫かな、どうしたらいいんだろう」
「なぜこうなるんだろう」
と、一喜一憂するのも当たり前。
だって、まだまだ子育ての土台をつくっている途中だから。

土台は少しずつ、つくられていきます。

そしてふと気づいた時、いつの間にか、
大きな樹を支える強い土台となっていることでしょう。

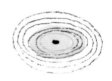

小さなヒトの芽

どんなに小さく、かよわく見えても、
こどもは生まれた時から
"自分の意思" という芽を持っています。

生まれたばかりのその芽は、とても小さくて、
大人がよく見ていないと、見逃されてしまうほど。
生まれてしばらく経つと、その芽は大きくはっきりと、
主張し始めます。
時には大きな声で、人目をはばからず「いやー！」と。

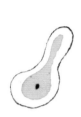

大人が困るほどの大きな主張をする時があります。
そんな時は、“自分の意思”が伸びるタイミング。

今、目の前のこどもの姿を見守り、声に耳を澄ませてみる。

“自分の意思”の芽が伸びている時、
その下にある根っこも育っています。
自分でしっかりと立つことができる、
そんな根っことなる可能性の育ちの時です。

大きな樹の「育て方」

森の中で、どんぐりの木がどのように大きな樹に育つか
知っていますか？

どんぐりがコロコロと転がり、
運よく日当たりの良い場所にたどり着く。
そのどんぐりの上に、落ち葉の布団がかぶさります。
春が近づくと、どんぐりからしっぽが生えるように
根っこが出てきます。
その根っこが土の中に伸びて、
土の栄養分を吸い上げながら力を蓄えます。
そして、土からかわいいギザギザとした葉が2枚、
顔を出します。
この時にはもう大人のどんぐりの木の葉と同じ形。
それから茎が伸び、枝が伸び、
やっと人の目の高さになるまで5〜6年。

その間、森の中では、試練の連続。
やっと出た芽がシカに食べられてしまったり
あまり陽が当たらない場所に出た芽は枯れてしまったり
どんどん上に伸びていきたいのに、
　隣の木とぶつかってうまく枝を伸ばせなかったり……。
そんななかでも、なんとか元気にたくましく育ったのが、
どんぐりの木なのです。

頑張って誰かが育てたわけではありません。
それ自体が育つ力を持っているのです。

それはこどもも同じ。
だけど、どんぐりの木と違うのは、
すぐそばに寄り添う人がいるということ。

根なし草

石垣に絡みつきながらきれいに赤く染まる、ツタの葉。
どんなところでも生きていける、力強い生命力を感じます。

山で大きな岩を抱き込むように根を張る、大きな樹。
その姿は、まるで岩を支えているかのよう。

どんな場所でも根を生やせる、そんな強さを持ってほしい。
たとえ風が吹いても折れない、しなやかさもほしい。
そんな風に思うのは親ゴコロ。

一方、根なし草はどこにも根を張らずに生きています。
その時々の興味が向くまま、気の向くままに。
自由でいるには芯の強さも必要です。

そんな姿もありなのです。

大人が考えるようにはならないかもしれません。
大人が望む通りにはならないかもしれません。

でも、全部ひっくるめて「これでよし」。

地球に根を張る

こどもたちは、
一人ひとりが全く新しい感覚を持って生まれ、
新しいエネルギーや変化に、敏感に反応しています。
私たち大人が驚かされるような発想を生み出すこともあります。
それは、これからこどもたちが創る、
新しい枠組みや価値観となっていきます。
今まで役に立ってきた知識も、大切だとされてきたことも、
必要なくなるかもしれません。

こどもの斬新な感覚や視点の素となるのが
好奇心や探究心。
なんだろう？　なぜだろう？　を大切していくことで、
一人ひとりの個性が輝き始めます。
みんなと同じことができるようになるよりも
知識をたくさん持っていることよりも
自分で感じ、考え、自分なりの答えを持つことが大切。
それが根っことなるのです。

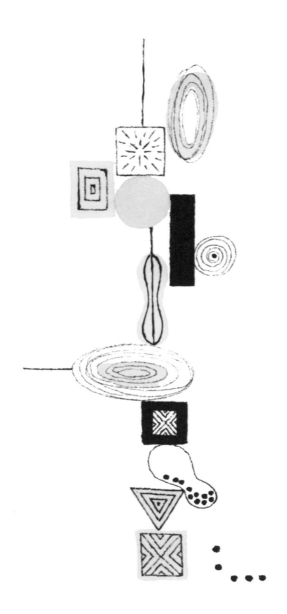

「根っこ」それは、自分が大切にしたいこと、好きなこと、得意なことから成る自分を作る軸。その軸となる根の張り方はヒトそれぞれ。

　こどもの興味が向くもの、遊び方、好み、それら一つひとつから「これが好きなのね」「こういうことに興味があるのね」とくみ取って、大切にすることでこどもの根っこが育っていきます。

　親も初めからしっかりとした子育ての方針を持っているわけではなく、「これはうちの子に向かないな」「こうしたらうまくいった」などと試行錯誤するなかで、自分とこどもとの間に根っこが育っていきます。

　保育士１〜２年の時、ベテラン先生に「それはダメだよ」「こうしなさい」といろいろな指摘を受けました。「こどもをもっと叱りなさい」「さっさとオムツを替えなさい」。でも、そのことには違和感がありました。

　私はこども一人ひとりと丁寧に関わりたかったからです。違和感は、私が"大切にしたいこと"から生まれたのでした。

　私にとってのオムツ替えの時間は、こどもと目を合わせて心を通わせる大切な時間。オムツ替えがどうしても嫌で、なんとか逃れようとする子もいれば、目と目を合わせていると頬に触れようと手を伸ばしてくる子もいます。

　どんなに小さな赤ちゃんにも意思や個性があります。私の表情一つひとつを敏感に感じ取り、それに呼応するようにこどもから反応があります。そのような一人ひとりの違いに、面白さを感じていました。

どんなに身体が小さくても、できることが少なくても、一人の立派なヒト。

　こどもの小さくて精妙な手や足の指、微笑みや不快な時などに見せる複雑な表情を丁寧に見ていると、本当に私たちと同じなのだと感じます。それぞれの意思があり、感情もあるのは当たり前のこと。

　小さなこどもの、ささいな揺れ動きを大切にしていきたい……そう思います。

　私も自分の考えに確信が持てない時は揺らぎました。「本当にこれでいいのかな？」「間違っているのかな」。その度に、誰かと話したり本を読んだりして「あぁ、やっぱり私はこっちの考えが好きだな」ということを、一つひとつ積み上げながら歩んでいきました。

　今思うと、あの時に私の人を育むという根っこができていったように思います。

　「これができたら良い子」「これができないからダメ」という条件付きではなく、その子らしい根っこを張れるように、親自身も子育ての根っこを張ることが大切です。

　とはいえ、心が揺れ、迷うこともあるでしょう。

　そういう時こそ自分自身を静かに見つめ、自分が"大切にしたいこと"をもう一度探し出しましょう。とてもじゃないけど、余裕がない時もあります。

　でも、振り返れば、器が大きくなっている自分に気づく時がきます。親もこどもと一緒に少しずつ、でも確実に育っていくのです。

光、水、土

おひさまの光

おひさまの光に当たっていないもやしは、白くてひょろひょろ。
もやしは豆の芽。
おひさまの下で育てば、葉を茂らせ、豆だってつけることができる。

こどもにとっての陽の光は、周りの大人の眼差しです。
時には、雷が落ち、雨が降り、嵐のような日もあるかもしれません。
でも、雨雲の上にはいつもおひさまがあります。
おひさまのように、
いつでもそこに存在している、お父さんとお母さん。

その光は、どんな光でしょうか？

トゲトゲしていると、周りの空気がピリピリします。
ふわっと柔らかだと、その場が安心感に包まれます。

お母さんの光をこどもは敏感に感じ取り、
お父さんの光を家族は敏感に感じ取ります。
そして、大人たちの光で社会がつくられます。

その光が優しく穏やかでありますように。
その光であるがままにこどもが育ちますように。

雲のように、水のように

時にはもこもこ、ふわふわと
時にはぶ厚く真っ黒く……
雲は形を変えて流れていく。

水は、雨つぶに、雪の結晶に、氷になり……
清流にも、濁流にもなる。

今泣いていたかと思うと、もう笑っている。
今そこでおとなしくしていたかと思うと、もう別の場所でイタズラ。
さっきまで抱っこをせがんできていたのに、もう抱っこを嫌がる。

こどもも雲や水のように、その瞬間、瞬間で変化します。

大人は、それを受け止めるだけ。
目の前のこどものありのままの姿を。
すると、「ほぅ、そうきたか」と
変化を面白がることのできる自分が出てきます。

禅の考え方で、行雲 流 水という言葉があるそうです。
それは、雲や水が自然に変化していくように、物事にとらわれず、
ありのままを受け入れること。

こどもの一瞬一瞬の変化も、自然なこと。
さっきのことにはこだわらず、
こどもの「今、ありのまま」を受け入れる練習です。

豊かな土の恵み

ふかふかとした腐葉土は、植物が育つ上で最適な環境。

いろいろな種類の木の落ち葉がたくさん積み重なり、
それをミミズなどの小さな生き物が食べ、
菌類などの微生物によって分解されて
ふかふかの土ができあがり。
その栄養たっぷりの土で、植物は元気に育ちます。

こどもが育つ上で、大切な栄養は？
それは、いろいろな種類の体験をたくさん積み重ねること。

ワクワクしながら、新しいことへと興味を広げ、
ドキドキしながら、自分の力よりも
少し難しいことにチャレンジ。
そして、
失敗して悔しい思いをすること。
友だちとのぶつかり合いで感じる、
居心地の悪さ、心と体の痛み。
自分の思い通りにならないことや、
うまく言葉にできないもどかしさ……。
ネガティブに見える体験も
こどもにとっては大切な栄養素です。

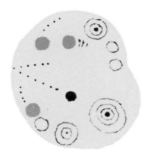

〈北風と太陽〉の話

イソップ物語の〈北風と太陽〉
北風は旅人のコートを、強い風で脱がせようとしました。
太陽は暖かい日差しで旅人のコートを脱がせました。

目の前でこどもが転んだ時、あなたならどうしますか？
すぐに抱き起こす、
「大丈夫？」と声をかける、
「自分で起きてごらん」と励まし、見守る……
関わり方は人それぞれでしょう。

どれが正しくて、どれが間違いということはありません。

ある時、転んだこどもに手を差し伸べると
すがるように、差し伸べた手を取りました。
またある時は、
「へいきだよ」と
自分の力で立ち上がりました。

どういう関わり方をするか、ではなく
目の前のこどもに寄り添う心を持ちたい。

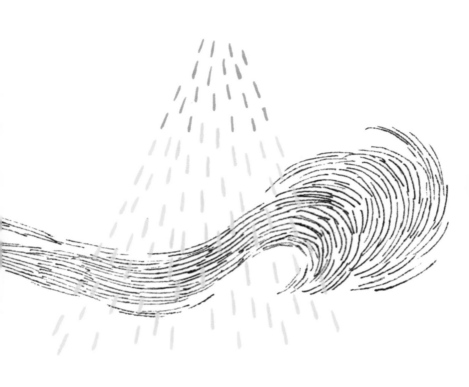

北風も太陽もきっと、
それぞれ自分なりに、手を差し伸べたのではないでしょうか。

空のように広い心で

こどもの心が自由である時、
「これをやってみよう」、「あれはなんだろう」
と、新しいことに興味がわいたり
アイディアが生まれたりします。

こどもの心が自由でない時、
「これやっても大丈夫かな？」
「これでいいのかな？」
と、大人の顔色を見ながら過ごしています。
不安で自信を持って前へ進めないような、
心がキュッと小さくなっている状態です。

自由な心をつくりだすのは、
周りの大人たちです。

こどもの発想を面白がってみる。
その感性を知ろうとしてみる。
こどもを鳥かごに入れようとせず、
「面白そうだね、やってみてごらん」
と、力づけ、見守ってみる。

こどもは、見守られているという安心感から、
持っている以上の力を発揮します。

大空を自由に飛び回る鳥のように、
こどもの心が自由に羽ばたくことができる、
そんな広い空のような、大人の存在が大切なのです。

タネをまいて芽が出ると、きちんと育てたくなる。葉っぱや茎を必要以上に触りすぎたり、曲がっている部分を無理に真っ直ぐにしようとしたり、良かれと思って水や肥料を与えすぎたりする。でも必要以上に手をかけすぎると、支えなしには立てなくなって、かえって弱くなってしまいます。

　それは、こどもも同じこと。「ありのまま・そのまま」でもよく育ちます。大人がこまごまと手を出さない方が、こどもはのびのびと育ち、その子の持ち味が光ります。“親が望んでいること”と“こどもの人生”は、必ずしもイコールではありません。

　「頭ではわかるけど……」そんな声が聞こえてきそうですね。そういう私も、実はとっても心配性。ついつい、「こどもが失敗しないように」「間違えないように」と、手出し、口出ししたくなります。
　でも、こどもを守ろうとすればするほど、コントロールしようとすればするほど、自分自身が苦しくなり、こどもも窮屈になって逃れようとします。
　時には、自分の考えに従ってくれないこどもを叱ってしまい、自分に嫌気がさす。そんな負のスパイラルに入ることもありました。
　「こどものため」と言いながら、実は自分の考えや理想を押しつけているだけでした。

　2歳の男の子が何を言っても「いやだ！」遊びに誘っても「いやだ！」まさにイヤイヤの絶頂期だった時、私が自分の考えを手放した方が早いということに気がつきました。
　「はいはい、いやなのね」とその子の主張を受け取り、どんなに

道端でひっくり返ろうと「そうかそうか。じゃあ少し待ってるね」とその子のしたいようにしてみる。すると、ちょっとしたきっかけでケロッと機嫌がよくなるのです。

　その子との攻防戦を繰り返すより、始めから折れてしまう方がずっとラクで楽しく過ごせました。

　こどもに、どうしてもさせなければならないということなどないということに気づいたのです。"させなければならない"と決めつけるのは、大人の勝手な都合でした。

　こどもがのびのびと育つ秘訣は「心が自由であること」。心が自由な時、本来持っている、天真らんまんさやユーモア、鋭い観察力などが発揮されます。

　こどもの力を信じて、こども自身の体験を見守ってみましょう。でも実は、「見守っている」ということが、大人にとって一番難しいことかもしれません。こうして、私たち大人がいつの間にかこどもに鍛えられていくのです。

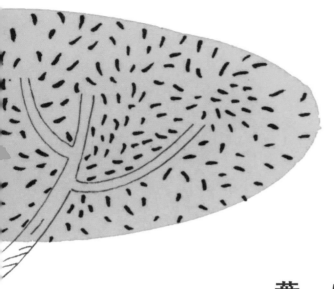

葉っぱ、枝

小さな葉のカタチ

木々が萌え立つ季節。
冬の間空っぽだった枝から、一斉に若葉が芽吹く。
小さな若葉1枚1枚の形がもうすでに、
イチョウはイチョウの葉のカタチ、
もみじはもみじの葉のカタチに。
どんなに小さくても、芽吹いた時からしっかりと形づいている。

こどもも生まれた時から、一人ひとり特有の個性を持っています。
イチョウの葉をもみじの葉のカタチにしようとしても
できないのと同じ。
こどもの個性を変えようとしたり、
否定したりしても苦しみを生むだけ。
今ある小さな形を見つけて、大切に育む。
そんな風に関わることで、
こども一人ひとりが光輝き始めることでしょう。

枝葉を大きく広げる樹

森の中で空を仰ぎ見ると、
空を埋めるように広がる木々の枝葉。
隣り合った枝に重なり合わないように
陽の光を求めて、枝を伸ばし、葉を広げています。

こどもが寝返りをする時、
お母さんを見たい一心で、声がする方へと向きを変える。
ハイハイを始める時、
離れた場所にあるおもちゃに触りたくて、動きだす。
触れてみたい、見てみたいと思う時、
行動が生まれる。
なんだろう？　不思議だな？　と思う時、
学びが生まれる。
こどもの自由な好奇心と探究心は、
どこまでも伸びていきます。
木が枝を伸ばし、葉を広げるように。
どんなことに心が動いているか、
どんなものに心を奪われているか、
その瞬間を見逃したくないものです。

あさがおのツルのように

こどもが何かに失敗したり、うまくできないことがあると、
「あ〜またやってる」と、口を出したくなります。
でも、よく考えてみれば、大人だって
「あ〜またやっちゃった」と
日常の中でつまずくことはあるものです。

怒らないようにしようと決めたのに、感情的になってしまう。
感情的にならないようにと気をつけていたのに、失敗してしまう。
いつも同じところをぐるぐると歩いているように
感じてしまうこともあります。

でも、大丈夫。
大人もこどもと同じく成長中。

同じような出来事で何度もつまづくこともあるけれど、
「また」ではなく「今」うまくいかなかっただけ。
それに気づくことができているだけで「まる」。

あさがおのツルは、らせん状に上へ伸びていきます。
棒があれば、それにぐるぐると巻きつきながら
上へ上へと伸びていこうとする。

そんな風に、私たちもらせんを描きながら、
確実に成長しているのです。

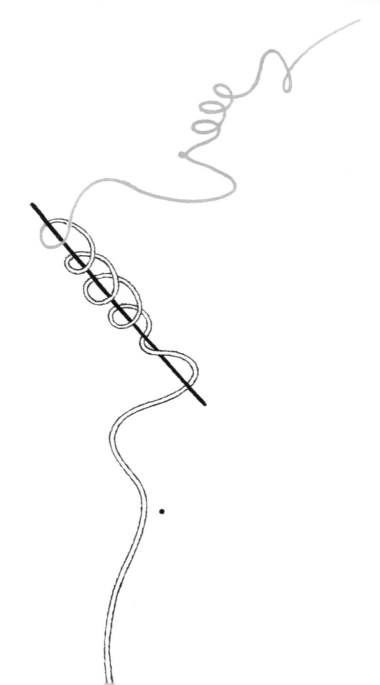

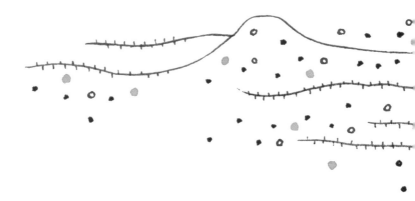

枝よりも大きく広がっている根っこ

神社の敷地内にある大きなご神木。
遠くから見ても、威厳のあるその姿は、
本当に神様が宿っていそう。

ハワイで観光スポットにもなっている大きなネムノキ。
その姿は、まるで大きな傘のよう。
樹の下で何十人も雨宿りができそうなほどの立派な枝ぶり。

でも足元の地面の下には、目に見えている枝よりも、
もっともっと大きく広がっている根っこがあります。

人は、見えているところばかりに捉われてしまいがち。
「背がこんなに伸びた」
「これができるようになった」

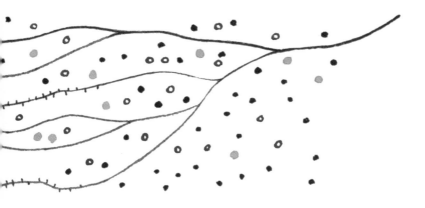

目に見える形での成長と同時に、
こどもの内側では着実に心の根っこが育っている。
小さな心の変化にも
そばで耳を澄ます大人が必要です。

心がのびのびとしていることで、
豊かな感性や表現力、自由な発想が発揮されます。
心がしっかり育つと、
自分の力でどっしりと立つことのできる土台ができます。

だから、目には見えない"根っこ"のことも、忘れないで。

盆栽という小さな世界

盆栽をじっくりと見たことがありますか？
植木鉢の中で、木を長い年月かけて育てる
すばらしい日本の伝統文化です。
小さな鉢の中で、桜やもみじ、松の木などが、
まるで日本庭園ように表現されています。
何十年も手塩にかけて育てられた古い盆栽は、
自然の中で育つ古木のように立派な姿形をしています。

けれども盆栽の木は、その鉢の大きさ以上には大きくなりません。

全体のバランスを見て枝葉を切り揃え、
形を整えるために、枝にワイヤーをくくりつけることもある。
人が手をかけることで、小さな鉢の中で、
年月を経た大木のようになっていく。
でも手をかけなくなると、姿形はすぐに崩れてしまいます。

「こどものため」といいながら、あれこれ世話をやく。
こどものために、「これをしなさい」「あれをしなさい」と
教えてあげる。
こどものため……と、進む道を整える。

ちょっと待って。
それって、盆栽に似ていませんか？
親という小さな鉢から出ることなく、
見せかけの大木を育てているようなものです。

こどもは、育つように育ちます。

どんな姿の木になるかは、お楽しみ。
それまでは、"愛情"という水を注ぎ続けましょう。
すると、あっという間に
親という器を超すほどの大きな樹となることでしょう。

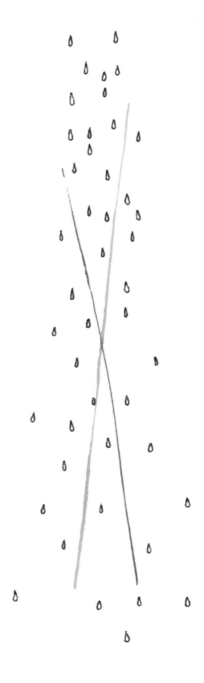

……突然ですが、うちには"忍者"が一人います。

　引きこもりになって、一人暮らしができなくなってしまった青年と一緒に暮らし始めて数年が経ちました。法的な繋がりも、血も繋がっていないけれど、私たち夫婦の息子です。

　自室で物音もさせず、気配を消して過ごすその青年は、まるで忍者。初めの頃は、部屋から出てこないと心配で「生きてるかな？」「大丈夫かな？」と気が気ではありませんでした。そっと部屋を覗いてみたり、無理に外へ連れ出したりもしました。時々ポロポロと涙をこぼす姿に動揺して、私は「どうにかしてあげたい」という気持ちでいっぱいでした。

　一方で、部屋から出てこないと心配と焦りでついつい、「人生諦めちゃだめだよ！」と叱ってしまう時期もありました。

　そんなある時、私の「心配」の源が見えたのです。
　私は、「自分が安心したいのだ」と。
　そして、彼をコントロールしようとしていた自分にも気づきました。そのことが見えると、「ありのまま・そのまま」彼の存在を受け入れてみよう、彼の中にある元気になる力を信じてみよう。そんな覚悟が生まれました。

　実際には簡単ではなく、たくさんの迷いと葛藤に揺れ動きながら進んできました。そしてそれは、私自身の成長の機会でした。

　心配でハラハラしている自分や思うようにいかなくてイライラしている自分を、「これじゃダメだ」ではなく、そういう自分も「これでよし」とする。そうすることで、少しずつ心にスペースが空いてきます。余裕ができれば、相手にやってほしいこと、やってほし

くないことを穏やかに言葉で伝えることができます。

　穏やかな対話は人を成長させます。対話から、気づきや発見が生まれます。

　人はみんな、楽しいこと、嬉しいことだけでなく、厳しいこと、嫌なこと、苦しいこと、様々な体験の中で、心も体も精神も成長していきます。

　様々な出来事を通して、こどもなりの感覚で、つたないながらに考えて試行錯誤をしながら体験を重ねていく。それこそが、こども自身の人生の質となります。

　大人がこどもの代わりに、上手く生きてあげることはできません。こどもを小さい存在と捉えて“こども扱い”するのではなく、「大きい人・大きな存在」として扱うことで、親の器を超すことができるのです。

　私たち大人自身が、自分の感情や考えを観察しながら、表現していく。そうすることで、いつの間にか私たち自身が成長していきます。その姿を見て、こどもも一緒に成長していくのだと思います。

雨、風

涙の雨が降る時

怒り、悲しみ、苛立ち、モヤモヤ……などの
ネガティブな感情が出てきた時、
私たちはその感情の理由を探します。

でも、
何も起きていないけど、イライラしている。
何もないけど、なんだか悲しくて泣きたい。
何も理由はないけど、モヤモヤしている。
ということも沢山ありますよね。

どうやら、感情は理由なく出てくることもあるようです。
なぜこの感情が出てきたのか、理由を探すのは「思考」です。
出てきた感情は、ただ「出てきた」だけ。
その理由を探すことはせず、
「ただ、今はこうなんだ」と達観していることが大切。

感情に理由をつけると、
自家発電のようにさらに感情をつくり出してしまいます。

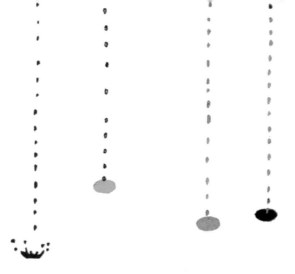

今、イライラしている、
今、泣きたい気分なんだなぁ。

感情に意味をつけずにスポットライトを当てるだけで、
スッと楽になる。

雨が降っている時、意味を探すより、
まずその雨を感じてみる。
それは意外と心地の良い、
優しい雨かもしれません。

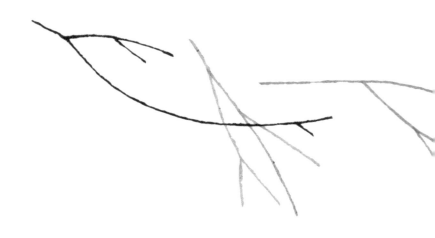

森の中のしなやかな木々

雨が降り、風が吹き、その雨風に揺れる木。
重たい雪が降り積もり、その重さでしなだれる枝。
嵐の強風に耐えられず、折れる木の幹。
大雨が山を削り、土砂と一緒に倒れる大きな樹。

嵐で倒れた樹は、森の栄養となり、
新しい木の命が芽生える。
雨風や雪に耐えられず、形を変えた木は、
環境に適応する強さを備える。

こどもにも時々嵐が訪れます。
ケンカをして、叩かれたり、引っかかれたりしながら
「こうすると痛いんだな」
「こう言うと泣いちゃうんだな」
と、自分の痛みと共に、人の痛みにも気づきます。

ケンカは心と心のぶつかり合い。
それは、自分を表現する機会となり、
こどもなりにコミュニケーション方法を模索します。

その機会を大人が奪ってしまうと
人とぶつからないように生きる術を身につけて、
当たり障りのないコミュニケーションをするようになります。
自分の「心」を隠し続けて……。

自然の中では、
無駄なものは何一つありません。
枝が折れても、根こそぎ倒れても、
全ての出来事を通してバランスを取り、
そこから調和が生まれます。

自然の一部でもある、私たち人間。
嵐を体験しながら、心のしなやかさを
手に入れていくのではないでしょうか。

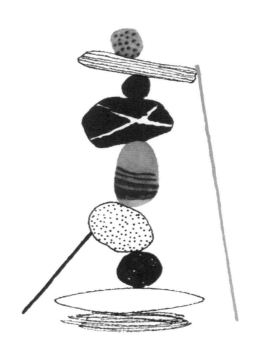

こどものヤドリギになってない？

ヤドリギという植物があります。
他の木にくっついて、育つヤドリギは、
まるでそのくっついている木の一部のように見えます。

「うちの子が友だちにこんなことをいわれた」
と、自分のことのように腹を立てて話すお母さん。
「あの子のせいでうちの子が怪我をしたらしい」
と、小さな傷に目くじらを立てて先生に詰め寄るお父さん。

まるで木にくっついているヤドリギのように
こどもと自分がべったりとくっついています。
自分の枝なのか、くっついている木の枝なのか
区別がつかなくなってしまいます。

こどものトラブルは、こどものもの。
そこに親が入ると、問題をこじれさせてしまうこともあります。

大人ができることって、何でしょう？
それは、こどもの話によく耳を傾けること。
代わりに解決してあげることは、できません。

ただこどもを信じて見守りましょう。
そして、助けを求めてきた時に
いつでも抱きとめることができるよう、
両手を広げて待っていましょう。

進化版〈アリとキリギリス〉

アリは、「将来のために……」と未来への不安を抱えながら
追われるようにせっせと働いていました。
キリギリスは、物事をポジティブに捉えて、
「今、この瞬間」を楽しみました。

時代の変化が激しい時、アリのように未来に備えても
その未来が全く新しく変化してしまう可能性があります。
キリギリスのように「今」を楽しむ生き方もいいのかも。

では、
冬のような厳しさにキリギリスはどう対応するのでしょう。
無理をして"ポジティブシンキング"で乗り越えようとすると、
それは、自分の心をごまかしていることになる。

ポジティブなフリをしていたら苦しいだけ。
そして、問題点が見えなくなります。
ネガティブな考えがあっても大丈夫。
両方持っているのが、私たち人間だから。

「こどもの行動を待っていた方がいい」
と思っていても、口を出したくなる時もある。
「私が我慢して、みんなが幸せならそれでいい」
と言っていても、心は不満でいっぱいの時もある。
「悪いことが起きても大丈夫、
これからよくなるために起きているのだから」
と言い聞かせていても、
実は心の中は大荒れ……なんてことも。

ポジティブに考えられる時もある。
そして、ネガティブな感情や考えが出てくる時もある。

その両方が見えている「私」がいる。
それを知っているのが「あるがままの私」です。

あるがままが見えた時
きっと冬のような厳しさも乗り越えることができるのでしょう。

金魚鉢を覗いてみると

「人は自分のことが一番見えていない」
とよく言います。
ならば、自分を見つめてみましょう。

親金魚の自分、こども金魚、そして家族金魚が、
鉢の中で生活する様子を
もうひとりの自分が金魚鉢の上から眺めるようにして。

「あぁ〜ママ金魚ちゃん、今日はイライラしてますね〜」
「こども金魚ちゃんが顔色を伺ってるな〜」
「あ、パパ金魚が逃げたぞ〜」

と、高い視点から観察することで
自分の状況を客観的に捉えやすくなります。

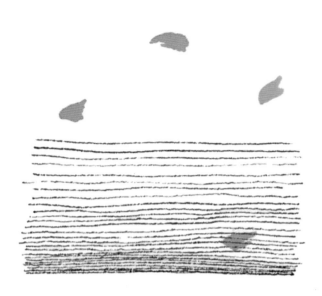

覗いている方の自分が動揺していたり、モヤモヤしていたりすると、
金魚鉢の水が濁ってよく見えません。
そんな時は、深呼吸して一息ついてみると、
すっとクリアに。
濁った水は少し時間を置くと澄んでくるものです。

そして、
「あぁ、みんな人間らしく生きているんだな……」
と、そんな自分が、家族が、
愛おしく見えてくるかもしれません。

「こどもに自分と同じようなつらい思いをしてほしくない」と泣きながら、そう言ったお母さんがいました。

　こどもに悲しい思いをしてほしくない。寂しい思いをしてほしくない。きっと、親ならみんなそう思うでしょう。でも、こどもの人生はこどものもの。怒り、寂しさ、悲しみなどのネガティブな感情も、こどもの人生の一部です。

　ところでうちの忍者くん。こどもの頃から自分をあまり出さないようにしてきたようです。周りの大人に注意をされないようにし、周囲の顔色をうかがいながら過ごしていたら、自分の考えがわからなくなってしまったようなのです。

　親の言う通り、先生の言う通り、道を外れることなくレールの上を走っていたけど、ちょっとした出来事から心がポキリと折れてしまった。今、このような人がこどもに限らずとても多いように感じます。

　周りの人たちは、"失敗しないように"良かれと思って、色々とお世話を焼いていたのだと思います。でも、それでは本人の心が育たないのです。

　こどもが嫌な思いをしないようにしたり、試練や危険から守ってあげたりすることだけが愛情ではありません。つらいことや、危ないことを体験しながら、つらいことを乗り越える力や自分の身を守る力がついていきます。そのプロセスで生じる複雑な感情を十分に感じることで、豊かな感性や思いやりの心が育っていきます。

　周囲の大人ができることは、「あなたはどうしたいの？」と、こ

ども自身が自分なりの答えを見つけられるように、一緒に考え、悩み、励ましていくことです。

　この時大切なのは、「こうなってほしい」「つらい思いをしてほしくない」という願いを、一旦手放すことです。こどもが抱えている問題を代わりに解決してあげたくなるし、自分のことのように感情が揺さぶられます。こどもが泣いていると、事情もよく聞かずに守ろうとすることもあるでしょう。逆に理由も聞かずに、自分のこどもが悪いと決めつけてしまうことも……。

　私も何度も失敗してきました。こどものことを自分のことのように感じている時、こどもの体験よりも自分の考えや体裁の方を優先してしまいがちなのです。その度に、私は念仏のように「この子の人生はこの子のもの」と自分に言い聞かせ、考えをいったん横に置きました。これは大人自身の修行です。

　時には、一筋縄ではいかない問題が現れてくることもあると思います。でもその出来事、一つひとつが"自分の軸"をつくる糧です。「ぼくはこう思う」「わたしはこうしたい」と自分の感覚に従い、"自分自身の体験"から"他の人のこと"を考えられるようになっていきます。こうしてこどもは、思いやりの心や社会性を手に入れていくのです。

　周りに合わせて、迷惑をかけないように社会性を育てようとすると、"自分"がない子に育ってしまいます。まずは"自分"を知ることの方が大事。自分を愛することができると、人に愛を注ぐことができるのです。

花、実

こどもが咲かせる花

花盛りの春。
木々は競うように花を咲かせます。
満開の淡いピンク色の花で人を魅了する、桜。
鮮やかな黄色の小さな花をたくさん咲かせて枝垂れる、ミモザ。
街のあちらこちらの垣根でパッションピンクの花を咲かせる、
ツツジ。

鮮やかな花々とは対照的に、控えめな花をつけるもみじ。
小さくて地味なえんじ色の花は、近づいてよく見ないと、
気づかない。
花が咲き終わったあと、そこには小さなタネがつく。
まるでヘリコプターのプロペラのような形のタネ。
そのプロペラのおかげで、タネは風に乗り
くるくると回りながら、遠くへ飛んでいくことができる。

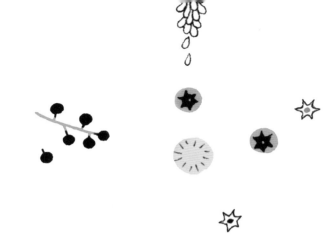

花は地味で目立たないけど、
プロペラつきのタネはなんだかかっこいい。

そして秋になると、真っ赤に染まるもみじの葉。
その時、もみじは人々の目を奪う主役になります。

こどもが育ち、どんな花を咲かせ、どんな実になるか。
輝くタイミングも、場所も、きっとそれぞれ違います。
時に親が望む「こうなってほしい」という希望とは
違うものかもしれない。
でもそれがその子ならではの人生の表現となります。
一人ひとり違う表現で、自分のプロペラを広げて、
独自の生き方を見つけていくことでしょう。

たんぽぽのわたげの着地点

街を歩いていると、
コンクリートのひび割れから顔を出しているたんぽぽ。
ちょっと踏まれたくらいではくじけない、そんな強さを感じます。
なぜそんなところに花を咲かせるのでしょうか?
たぶんそれは、わたげに運ばれたタネが着地しただけのこと。
そして、そんな偶然から思わぬ芽が出ることも。

「もっとこうした方がいい」
「それはやらない方がいい」
そんなことばかり大人が気にしていたら、
こどもはどこにも着地することができなくなってしまいます。
芽を出す可能性も着地点も、いたるところにあるのに。

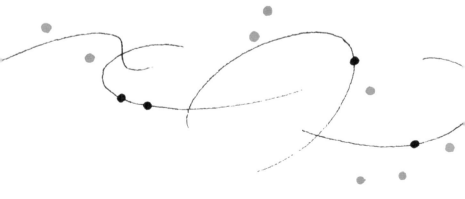

自分が選んだ"場所"がいい。
自分で選んだ"それ"がいい。

「選択する」ということは、
人生の第一歩。

選択肢は無限にあり、その選択は自由です。
理由がなくてもいい。証拠がなくてもいい。
着地してみて得るものがあるから。
たんぽぽが強さを手に入れたように。

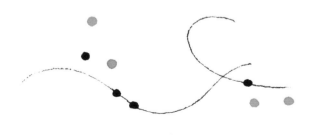

リスのまつぼっくり

森の切り株はリスの食卓。
どこからか、大きなまつぼっくりを運んできて、
そこで食べた形跡が残っている。
こんなに大きなまつぼっくりを運んできたのはどんなリスだろう？
小さなリスが苦労しながら
まつぼっくりを抱えて運んでいる姿を思い浮かべると、
思わず微笑んでしまいます。

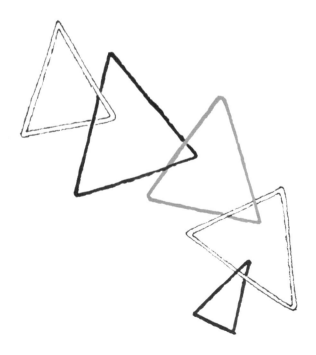

こどもに
「これ、落とさないようにあそこまで運べるかな？」
ひと抱えの洗濯物を渡すと、
嬉しそうに「だいじょうぶ！」「もっともてるよ！」と、
抱えて運んでくれます。

自分の力よりも少し上のことを任されると
誰でも嬉しいものです。

それは、「責任」という名のプレゼント。
「大きなプレゼント」を持つことができる自分。
その自分が嬉しいのです。

きっと、リスも「大きなまつぼっくり」を運べたことが
嬉しかったのではないでしょうか。

木とキツツキ

コンコンコンコン……
キツツキが木を突いて、音がこだまする森。

そこでは何が起きているのでしょうか。

その時、木は樹皮の内側に入り込んだ小さなムシに困っている。
すると救世主のキツツキがきて、ムシをついばみ、
自分でムシを振り払えない木は救われる。
幹に穴を開けられてしまうけれど、
キツツキのおかげでなんとか危機的状況を乗り越えられる。

どうやら自然界では、オールマイティである必要はないみたいです。
なんでも自分一人で解決しようとしなくていいのです。

一人ひとり、得意なことは違います。
苦手なことは、「手伝って！」と言えることが大切。
一人の力で乗り越えるよりも、
誰かと一緒に乗り越える方が、はるかに大きな力となります。

そして、自分の力が誰かの役に立つことは、何よりも嬉しいこと。

キツツキのように様々な場所に飛んでいって、
自分の力を発揮することが、喜びとなるのです。
あなたの周りに、キツツキはいますか？

願いを託す親木

「この子はまだこどもだから」
「この子にはまだできない」
こんな風に自分のこどもを見ていませんか？

気づけば、こどもは
一人前にいろいろなことを考えています。
いろいろなことができるようになっています。
そんなこと知ってるの？　と驚くことも、増えていきます。

親にとって、こどもはいつまでもこども。
でも、少し離れて見てみると、
一人のヒトとして一歩一歩、確実に成長している。

森の中で朽ちた親木は、
自分の栄養分を若木のこどもたちに分け与えるのだそうです。

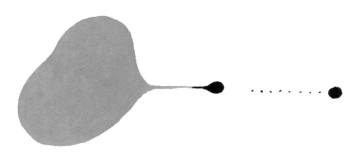

自分よりも大きな樹になるように。
親を超える願いを託して。

こどもの木は、大樹となる可能性を秘めています。
その木が咲かせる花には虫が集まり、
その木がつけた実を鳥がついばみ、
枝ではリスが休み、
地中に広がる根っこで、他の木々と繋がりあっている。

いつしか木が、命の舞台となっていく。
そんな大きな樹に、大きな人に育つ可能性を、
全員が持っているのです。

今、目の前のこどもにどんな"可能性"が見えますか？

　昔は、「プロ野球選手になってほしい」「大企業に就職してほしい」などと、大きくなった姿を職業で表すことが多くありました。でも……その職業は、こどもたちが大人になるまで存在しているのでしょうか？　今までとは全く違う価値観の世の中になっているのではないでしょうか。もしかしたら、"働く"という意味すら変わっているのかもしれません。そもそも、働くことだけが人生の目的ではありません。

　私たちが想像もつかないような世界を生き、創造していくのが、今のこどもたち。そこで大切なのは、「何をするか？」ではなく、「どんな人になるか？」です。将来を困らないようにするよりも、新しい未来をワクワクしながら生きていく人になる方が、未来への希望が持てると思いませんか？

　生きるということは、自分自身を表現すること。まさに、人生というアート作品。"優しさ"を人との関わりの中で表現する人、何かをつくることで"情熱"を表現する人、ただ存在しているだけで、"安心感"が表現される人など、それぞれの個性が現れます。

　昔勤めていた保育園に重度の障がい児がいました。6歳になっても食べ物を噛み砕くことができないため、みんなとは違う食事でした。そして話すこともできませんでしたが、その子からは「お友だちが大好き」ということが伝わってくるので、周りにはいつも数人のこどもたちがいました。

　こどもたちは、その子を"友だちの一人"として一緒に遊び、当

たり前のように生活の手伝いをしていました。その子の存在が、こどもたちの優しさを表現する機会となっていました。本来こどもは、障がいがあろうとなかろうと、分け隔てなく、"個性"を受け入れるのだと、この出来事を通して私は知りました。

　"みんなと同じ""みんなと一緒"でなければならないことはありません。様々な人と繋がり合いながら進んでいく時代である今。これからはより一層一人ひとりの個性を活かし合う世界になっていきます。
　「何かができる・できない」という表面的な能力よりも、こどもが「どのような存在になるか」ということの方がずっと大切です。
　家族にとって、友だちにとって、社会にとって、世界にとって、地球にとって……その子（個）としての"存在"が、未来の「可能性のタネ」。
　その「可能性のタネ」は、やがて色とりどりの花を咲かせ、豊かな実になる。そう信じています。

Epilogue

そして、森になる

"樹木は根でコミュニケーションしている"のだそうです。
しかも、木の種類を超えて、情報を伝達しあい、養分を分け合っているのだとか。
木は一本だけでは、強く、長く、生きていけないのです。
人も同じではないでしょうか。コミュニティの中で生き、誰一人として、独りでは生きていけないのです。

「自分だけが大変なんじゃないか」
「他のお母さんは全部ちゃんとできている」
子育てをしていると、そんな風に感じることがあるのではないでしょうか。
でも実はみんなそれぞれに大変な部分があり、"ちゃんとできていない"部分もあるのです。

私が保育士になりたての頃、隣のクラスにとっても素敵な先生がいました。そのクラスからはいつも笑い声が響いていて、私もあの先生みたいになりたいと思っていました。翌年、その先生と一緒にクラスを受け持つ機会が訪れて、日々一緒に過ごす中、先生も悩んだり、迷ったり、失敗したりしながら、自分の悩みや失敗を前向きに捉えている姿が見えてきました。そこに私にとっての学びがありました。泣いたり、笑ったり、体当たりでこどもたちと向き合っているその先生には、人間らしい飾らない魅力がありました。

完璧な人はいません。

お母さんになった途端、お父さんになった途端に、こどものお世話が得意になる人もいません。親も一つひとつが体験です。

「自分だけが大変」

そんな風に思った時は、もしかしたら、周りが見えなくなっている状態かもしれません。頭の中で、"やること"に追われ、人から聞いた"こうするべき"ということでいっぱいになっている時は、一旦全てストップさせて、自分自身に耳を澄ませましょう。

体の状態は……重い？　軽い？　眠い？　何が食べたい？

心の状態は……穏やか？　荒れ模様？　泣きたい？　怒りたい？

頭の中で言っていることは……「自分はダメだ」と言ってない？

「私だけ」と文句がない？「忙しさ」で"目の前にあること"が見えなくなっていない？

思考に正直に

感情に誠実に

そして執着はなし

この言葉は自分自身を見つめるためのヒントです。

自分の思考に正直になること。

自分の心や感情にフタをせず、誠実に扱うこと。

そして、欲や願望、信念などへの執着を手放すこと。

ただ、これを見始めると自分の嫌なところも見えてきます。
フタをしていた感情がふき出してくることもあります。
何より、いかに多くの"もの・こと"に執着があるのだろうという、
自分が見えてきます。
最初はちょっと苦しいけれど、これらを直視することは、自分を知
る機会となり、自分を大切にすることへと繋がるのです。
でもこの"自分を直視する"が実はとっても難しい！
直視したくないような自分が出てくることや、人のせいにしたくな
るようなこともあるでしょう。
本当に修行だな〜とよく思います。

でもそんな時、私はこの言葉で救われました。
「天知る、地知る、己知る」
自分一人で淡々と取り組んでいく。
誰かに褒められなくても、誰かが見ていなくても。
天は知っている。地も知っている。
そして何よりも、私がわたし自身を知っている。
ただ、それだけでいいのです。
自分で自分を褒めながら「よしよし、よくやってるね」と。

こうして、親が自分の成長に取り組んでいるその姿を見て、こども
は育ちます。
こどもも、同じように成長していくのです。

目の前に現れた"子育て"という山は、もしかしたら途中に険しい
道もあるかもしれません。
途中で休んでもいい。ゆっくり登ってもいい。
自分のペースで進んでいいのです。
そして、一緒に歩んでいる私たちがいます。
一人で歩いているように感じるかもしれないけれど、その一歩が誰
かのヒントになるかもしれない。その一歩が新しい道を切り開くか
もしれない。
そう考えると、その成長は、自分だけのことではないのです。

個々の成長は、根で繋がる"森"全体へと影響していきます。
根で繋がっている、たくさんの人たちにも影響しているのが、私た
ち一人ひとりの存在です。
こうして多様な"個"が影響しあいながら創られる、豊かな森とい
う世界が現れてきます。

おわりに

　この本を書き始めてから1年が過ぎました。

　この間も、私自身内面の成長がありました。本の初めに書いた暴れ馬のような感情は、波が引くようにすっと落ち着き、今は静かな湖面のように穏やかです。何かあったわけではなく、自分自身の言葉を聴き、行動を見張り、理想のあり方を手に入れようとコツコツと取り組んでいる中で得られた平静さです。

　折しも、世界は未曾有の出来事に見舞われ、みんなが何か一つの答えや正解を求めて右往左往。こんな時だからこそ、心を静かに保ち、"わたし"という軸をしっかりと持つことが大切だと感じ、この本に思いを載せました。世界が大きく変革していく時代だからこそ届けたい言葉を紡いできました。

　例の忍者くんは、最近ようやく自分の状態に気づき始めました。「何を悩んでるんだかわからなくなってきた」。先日、そんなことを言い始めたのです。これを聞いて「あぁ、もう大丈夫だ」そんな実感が湧いてきました。今でも、一日中部屋に閉じこもっているような時は、忍者くんに何か言いたくなってしまう私はいます。でも、「大丈夫。自分で抜け出せるからそっとしておこうよ」そんな風に自分に言い聞かせながら、私は"わたし"を扱っています。

　本当に、ここまでよく取り組んできました。忍者くんも、私も。

そして、本を作るということは、グループワークだと実感しています。とっても素敵なイラストを描いてくださった小林マキさん。斬新なデザインをしてくださった阿部美樹子さん。本を作りませんか、と声をかけてくださった加藤道子さん。担当編集者の甲斐菜摘さん。そして私の5人で取り組んできました。本当に素敵な本になり、感激です。この場を借りて感謝申し上げます。

　最後に……私には、師匠がいます。師匠と出会ってから、私の人生はガラッと変わりました。「あなたなら大丈夫」といつも力づけてくれ、泣き言にも付き合ってくれ、そして本気で叱ってくれました。「しっかりしなさい！」と。
　その言葉の根底にはいつも愛がありました。師匠から伝えられ、私の中に染み込んでいった言葉が、この本という結晶になりました。感謝を込めて、この本を師匠の岡田めぐみさんに捧げたいと思います。

　「私の本」なんてものはこの世に存在しないのですね。これは「みんなの本」です。そして、今これを読んでくださっている「あなたの本」となりました。
　この本がみなさんと共に歩む、心の支えとなりますように。

野村直子

野村直子
のむら・なおこ

東京都多摩地区出身。一般社団法人 new education LittleTree 代表理事。国内外で保育者として勤めた後、北海道で自然ガイドや"森のようちえん"の立ち上げ等を経験し、2010年に独立。小規模保育室の園長を務め、現在は保育内容のコンサルティングや研修講師、東京都等の保育園・幼稚園にて自然保育アドバイザーを行なっている。"豊かな体験を通して成長する場"をコンセプトとした「LittleTree 辻堂ハウス」を2021年4月にオープンに向けて、準備中。

小林マキ
こばやし・まき

武蔵野美術大学日本画科卒業。フリーランスイラストレーターとして、雑誌、書籍、広告等、幅広いフィールドで活動中。また数年おきの個展、オリジナルグッズ製作等の自主制作も並行して行なっている。著書に、絵本『はじまりは たき火』（まつむらゆりこ著・福音館書店）等がある。2010年から2013年まで、ドイツのデュッセルドルフに滞在。東京都在住。
HP:www.kobayashimaki.com

小さな木 あるがままに子育て

2021 年 3 月 3 日　初版第 1 刷発行

著 ─────── 野村直子
絵 ─────── 小林マキ

発行者 ──── 安在美佐緒
発行所 ──── 雷鳥社
　　　　　　〒 167-0043　東京都杉並区上荻 2-4-12
　　　　　　TEL 03-5303-9766 ／ FAX 03-5303-9567
　　　　　　http://www.raichosha.co.jp ／ info@raichosha.co.jp
　　　　　　郵便振替　00110-9-97086

デザイン ── 阿部美樹子
印刷・製本 ─ シナノ印刷株式会社
協力 ─────── 加藤道子
編集 ─────── 甲斐菜摘